ESQUISSE D'UN PLAN

POUR LA FONDATION

D'UNE NOUVELLE MONARCHIE,

DÉDIÉE ET SOUMISE

AUX AUGUSTES SOUVERAINS

Qui conclurent et signèrent le grand Traité, dit *LA SAINTE ALLIANCE*, ainsi qu'aux autres Puissances qui y ont accédé, et qui y accéderont :

PAR ANTOINE DEL PRATO.

En ces temps-là il sortira de Jérusalem des eaux vives, dont la moitié *se répandra* vers la mer d'Orient et l'autre vers la mer d'Occident.... (*vers Rome*, etc.) Le Seigneur sera le Roi de toute la Terre..... Son nom seul sera révéré.: *Zacharie, ch. 14, v. 8 et 9.*

A PARIS, 1818.

CHEZ
{
LOTTIN DE SAINT-GERMAIN, Imprimeur du ROI, rue de Nazareth, n.º 1, près le Palais de Justice.

FAYOLLE, Libraire, rue Saint-Honoré, à côté de Saint-Roch, nº. 284.

DELAUNAY, Libraire, au Palais-Royal, Galerie de Bois, n.º 243.

Et l'ÉDITEUR, rue de Verneuil, n.º 51, Faubourg Saint-Germain.
}

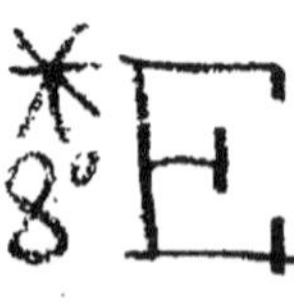

Non itaque verum est quod dicitur, semel rectè factum nullatenus esse mutandum. Mutata quippe temporis causâ, quod rectè antè factum fuerat, ita mutari vera ratio plerumque flagitat, ut cum ipsi dicant, rectè non fieri si mutetur, contrà veritas clamet, rectè non fieri nisi mutetur : quia utrumque tunc erit rectum, si erit pro temporum varietate diversum. Augustinus ad Marcellinum. Épitre 138, concernant les changemens et les progrès de la Religion.

Voluit Deus per temporum intervalla opera sua ad completionem perducere et prius esse facere quam pulchrum esse. Hugue de S.-Vict. dans le 1.re liv. de Sacramentis, part. 1.er. c. 3.

Factus est itàque Deus homo, ut hominem quem fecerat, liberaret ; ut idem esset creator hominis et redemptor. Missus itaque filius, ut in adoptione paterna assensum suum demonstraret. Venit sapientia ut vinceret malitiam ; ut hostis qui astutia vicerat, prudentia vinceretur. La même, chap. 6, intitulé : *Cur Deus homo ?*

OBSERVATION PRÉLIMINAIRE.

Il n'y a jamais eu peut-être aucun temps où l'on se soit occupé comme aujourd'hui, et du sort des peuples en général, et de celui de la Nation juive en particulier. Il est vrai que celle - ci ne paraît pas faire un des premiers objets, soit des sollicitudes religieuses soit des spéculations politiques des Etats. Mais nous trouvons dans les livres de la Révélation que, tôt ou tard, elle le fera, et qu'elle en sera même le plus élevé et le plus important.

Que les deux extrêmes (ceux qui ne croyent rien et ceux qui croyent trop) attaquent, s'ils le veulent, chacun de son côté, la *thèse* de notre *Dissertation* (1) ; je veux dire la *pos-*

______

(1) Cette Dissertation forme la plus grande partie du livre intitulé : *Principes et Maximes, théories et projets de l'Institut chrétien-philosophique*, etc. Paris, 1816. Toute la brochure est de 176 pages in-8.º, et se trouve aux mêmes adresses de la présente esquisse. Le Programme concernant la *Société des nouveaux secours de la Providence*, y est distribué *gratis*.

sibilité d'une félicité universelle et du-
rable sur la terre : nous sommes disposé à en soutenir l'assaut. Mais qu'ils
suspendent (c'est à quoi il nous semble
devoir les exhorter) mais qu'ils suspendent toute hostilité contre *l'hypo-*
thèse , contre la supposition que nous
avons faite , et qui n'est pas le fondement de notre principale assertion ,
contre la supposition , dis-je , que *les*
tems sont arrivés. Leurs coups , sur
ce point , seraient maintenant intem-
pestifs et bien justement regardés , ou
comme hasardés et téméraires , ou
comme sans but et tout-à-fait lancés
en l'air.

Les objections qu'on fait contre la possibilité d'une félicité
stable et universelle, et contre les promesses divines qui la re-
gardent (objections que nos adversaires fondent sur le *péché*
originel, sur les *diverses passions de l'homme,* sur le *petit*
nombre des élus, sur l'*Antechrist,* etc.) se trouvent dans la
même Dissertation, et sont respectivement accompagnées de leurs
réponses.

N. B. La présente *Esquisse*, ainsi que son supplément, devait être une des piécess du deuxième volume dont parle l'*Avant-Propos des Maximes et Principes, Théories et Projets de l'Institut chrétien-philosophique,* page 7. Mais ce volume n'ayant pu paraître au tems qui avait été désigné, on y trouvera, lorsqu'il paraîtra, à la place de cette pièce, ce qui en fera la suite, et qui, suivant le premier dessein, aurait dû se trouver seulement dans un troisième volume.

Cette même esquisse doit donc être regardée comme appartenant au volume déjà imprimé, et qui porte le titre ci-dessus indiqué : *Principes et Maximes, Théories,* etc. ; de sorte que, dans le cas d'une seconde édition, elle y serait placée, avec le supplément, après le N.º 2 *des Règles de la Société théocosmitique ;* et le volume qui viendrait après, terminerait la suite de ces opuscules, qui, en conséquence, ne devront plus s'étendre qu'à deux volumes. *Voyez à l'avertissement la fin de cette Esquisse,* lett. *a, b.*

TABLE

DES ARTICLES.

Fin de la Table.

ESQUISSE D'UN PLAN

POUR LA FONDATION

D'UNE NOUVELLE MONARCHIE.

ARTICLE PREMIER.

Nouveautés apparentes.

a. Ce qui fait le sujet de la présente Esquisse, ce qui le développera, ce qui l'établira davantage , exige que l'on fasse observer , avant tout , pour ceux qui n'y auraient jamais apporté assez d'attention , que c'est une erreur , et une erreur bien préjudiciable à l'amélioration de l'ordre moral et religieux , et conséquemment aux intérêts et au perfectionnement de l'ordre civil et politique, que de juger toujours faux , toujours chimérique ou téméraire, ce qui, en fait de croyance et de pratique chrétiennes, a l'air, à l'apparence d'une opinion toute particulière, d'un sentiment tout nouveau. Il faut faire , à ce sujet , bien des distinctions,

Bien des exceptions. Ce qui est ou paraît être inoui, n'est pas toujours nouveau, n'est pas toujours sans une existence réelle, sans une existence ayant des rapports, ou essentiels ou d'une assez grande importance, avec le présent, le passé et l'avenir. Ce qui était caché ou imparfait, ce qui, dans l'ordre des choses, était encore prématuré ou réservé, ce qui se décèle et se montre enfin de tous les côtés, n'est nouveauté qu'en apparence, ou, si l'on veut, est nouveauté dans un sens, et ne l'est point dans un autre.

b. On sait (pour alléguer d'abord un exemple qui touche d'assez près le sujet qu'on va traiter), on sait que les prédictions divines ne sont quelquefois intelligibles qu'après beaucoup de siècles, ou seulement à l'approche des événemens prédits, comme on le voit en *Isaïe*, chapitre 42, verset 9, où Dieu parle ainsi, par la bouche du prophète, au peuple hébreu : *Mes premières prédictions se sont accomplies : je vous annonce des choses nouvelles, et avant qu'elles arrivent (antequam oriantur*, comme on lit dans la *Vulgate) ; je vous en donnerai l'intelligence. Avant qu'elles arrivent (remarquons-le bien), et non pas en les annonçant,* et non pas *bientôt.* Et pourtant l'intelligence dont il était question alors, cette intelligence accordée si tard , et les explications à faire pour la communiquer au peuple d'Israël , roulaient sur des vérités de religion et de la plus haute importance ; sur des vérités concernant le *Messie* et les choses merveilleuses qu'il aurait opérées.

c. Mais les paroles de *Jérémie* , chap. 30 , v. 24 , vont encore plus directement , et d'une manière plus précise à notre but. *Le Seigneur,* dit ce prophète aux mêmes Israélites , *ne détournera point sa colère et son indignation* jusqu'à ce *qu'il ait exécuté et qu'il ait accompli toutes les pensées de son cœur ;* ET VOUS LE COMPRENDREZ DANS LE DERNIER JOUR. Dans le dernier jour, et non pas avant, non pas avant le dernier jour qui précédera celui-où *les restes d'Israël* remonteront *sur les montagnes d'Ephraïm et de Sion* , selon ce qu'on lit dans ce même prophète, c. 31 , v. 6 , 7 , 8 et suivans *:* par conséquent les Juifs et généralement tous les hommes ne les auraient comprises que peu avant l'événement, dont nous allons parler.

ARTICLE II.

Moyens naturels concourant avec les surnaturels. Le vrai trop souvent mal discerné du faux.

a. LES Chrétiens ont toujours cru la conversion future des Juifs : mais ils n'ont pas généralement pensé qu'elle dût être accompagnée de l'édification d'un *nouveau temple à Jérusalem* : d'un nouveau temple qui a été promis aux Israélites, et qui les fera *paraître de nouveau en pompe*, qui les consolera, qui les fera *tressaillir de joie*, etc., etc. (1)

---

(1) *Jérémie*, ch. 51 aux versets allégués dans le précédent, Art. 1 et ailleurs ; de même qu'*Isaie* et autres prophètes, dont les textes seront rapportés en tems et lieu. L'ébranlement des iniquités et des vices, annoucé dans le prophète *Aggée*, ch. 2, v. 7, et qui fera l'étonnement du monde entier, commença à la venue du DESIRÉ DE TOUTES LES NATIONS, surtout, par le renversement de l'idolâtrie. Mais ses progrès ultérieurs, et son accomplissement étaient réservés au retour des Israélites dans leur célèbre patrie et à l'édification de *cette dernière maison du* SEIGNEUR, notre DIEU et le leur, *la gloire* de laquelle *sera encore plus grande que celle de la première*, et où le même DESIRÉ, le même DIEU-SAUVEUR donnera plus amplement et

Quelques théologiens (2) qui, fondés sur ces passages et sur plusieurs autres de la Révé-lation, ont osé l'affirmer, mais en y mêlant malheureusement des erreurs et des extravagances nées dans leurs cervelles, ont été inexorablement qualifiés de novateurs, de fanatiques, de visionnaires. Le point essentiel a été méconnu, a été enveloppé et englouti avec les rêveries, avec les suppositions arbitraires et *condamnables*. Très-vraisemblablement ce même point, traité avec

---

avec stabilité *la paix* promise (*ibid.* v. 10), cette paix intérieure et extérieure qu'il veut, qu'il recommande et de laquelle il est *le prince*. (*Levit.* c. 26, v. 6; *Eccli.*, ch. 25, v. 2; *Isaïe*, c. 9, v. 6; etc., etc.)

C'est en vain qu'on nous opposerait ici le *sens mystique*. Nous l'admettons; il est incontestablement dans cette prophétie d'*Aggée*. Mais le *littéral* qui se trouve tant de fois joint au *figuré*, pourquoi n'y serait-il pas aussi? Ce que nous ne faisons guères qu'indiquer dans le présent écrit, et bien plus, ce que nous discuterons dans la suite, fera peut-être assez voir que le sens littéral y est effectivement, et qu'en quelque sorte il y est même de nécessité, et comme un juste et très-utile résultat du figuré; qu'en conséquence un *temple matériel* contribuant, par sa nouveauté et sa magnificence, à un plus grand éclat, et à de nouveaux effets plus amples et plus salutaires du *temple spirituel*, doit être bâti dans la ville sainte, dans l'illustre capitale de l'ancien peuple du Dieu des armées, de l'ancien peuple du Dieu devenu d'une manière plus spéciale, plus admirable et plus universelle, le Protecteur le Conservateur et le Gage immortel de la paix et du bonheur promis.

(2) Entr'autres, *Charpy de Sainte-Croix* qui en 1657 publia,

toute la simplicité et toutes les réserves, ne sera pas à l'abri de toute improbation, de toute censure. Mais comme l'on ne cherche ici la réalité, la convenance, la nécessité des choses que dans un *système universel*, traçant, embrassant, relevant tous les rapports qu'ont les objets temporels, et entre'eux, et avec les spirituels, l'on ne saurait appréhender des objections ou impossibles à faire avec quelqu'apparence de solidité, ou très-faciles à réfuter, quand l'on s'appuie, quand l'on fait usage de principes aussi surs, aussi incontestables que le sont ceux de ce même système (A).

b. En fixant et ne perdant jamais de vue que *tout est liaison et analogie dans l'univers, et que des ressorts même tout naturels concourent souvent et agissent en des opérations surnaturelles les plus sublimes et les plus admirables de la Religion et de*

à ce sujet, un ouvrage intitulé : *L'ancienne nouveauté, ou l'Eglise triomphante en terre. Les Remarques de M. Arnaud sur les principales erreurs de ce livre* nous semblent confirmer ce qui est dit dans le présent article jusqu'au mot *condamnables.* Voyez la note marquée (F).

(A) Toutes les notes désignées par une majuscule comme la présente, se trouveront dans le supplément, suivant ce qui est dit dans l'*Avertissement* qui est à la fin de ces quinze *Articles.*

la Grâce, à combien de questions, même les plus épineuses, n'ouvre-t-on pas un chemin qui, sans cela, serait éternellement fermé pour leur aplanissement et leur solution ? Et la maxime de *Saint-Augustin* que nous avons déjà rapportée ailleurs, et suivant laquelle c'est *la sainte doctrine* elle-même qui *nous enseigne que quand nous pouvons employer des moyens humains, c'est tenter Dieu que de les négliger*, ne s'associe-t-elle pas trés-parfaitement avec celle que nous venons d'indiquer et d'établir comme essentiellement appartenante au système universel dont nons parlons ?

c. Cependant ce père, ce docteur, si célèbre de l'Eglise, loin d'avoir jamais rétracté une telle maxime, l'a tenue constamment, et en a même relevé davantage le fondement et l'orthodoxie en d'autres occasions, comme lorsqu'en répondant à l'objection qui paraît appuyée de différents textes de la Bible, et qui est que, *sans rien faire, on devrait uniquement se confier en Dieu qui ne manquera jamais à ses promesses, et fera toujours ce que les circonstances et les besoins exigent*, le Saint-Père est d'accord que nous devons demander tout, et tout attendre du *Très-Haut ,* lorsque nous ne pouvons rien par nous-mêmes, mais il ajoute que *si nous pouvons agir, nous ne devons pas tenter notre Dieu, parce qu'encore ce que nous pouvons est son don, et que tant que nous vivons ici*-bas *, nous vivons par la libéralité de celui qui nous a donné le pouvoir d'y vivre.* « *Cum autem possumus, non debemus tentare Deum nostrum, quia et hoc quod possumus, ejus munere possumus, et cum hìc vivimus, illo largiente vivimus, qui largitus est ut possimus* ». (Aug. de opere Monach. , cap. 27).

ARTICLE III.

La conversion des Juifs paraît réservée au tems de leur retour dans la Palestine , aussi-bien qu'aux progrès de la conversion des peuples et de la félicité universelle , prédits dans les saintes Ecritures.

a. Avec la prédiction d'un état de prospérité et de bonheur universels se trouvant

ordinairement jointe , dans la Bible , et no-
tamment dans les livres des Prophètes , la
prédiction concernant les Juifs qui en recon-
naissant enfin et croyant le *Messie* déjà venu ,
le *Messie* incontestablement reconnaissable
dans la personne de *Jésus-Christ* , contribue-
ront très-puissamment à faire entrer dans son
Eglise toutes les autres nations (B) , il semble
qu'on en doive conclure que l'une de ces
deux prédictions ne s'accomplira point sans
l'accomplissement de l'autre , et qu'en conséquence il importe infiniment de s'occuper
sans délai , et tout-à-la-fois , tant de l'amélioration de l'ordre moral et social du monde
en général que de la conversion , et générale ,
et particulière , des Israélites à la Religion
chrétienne.

b. Or rien ne paraît pouvoir être plus
raisonnable , plus propre et plus efficace ,
pour amener tous les Israélites , soit indivi-
duellement , soit en corps , à cette divine
Religion (qui en substance est la leur propre
accomplie et perfectionnée , ainsi que leurs
patriarches et leurs prophètes l'avaient prédit),
que d'ériger au *Dieu d'Israël* , leur Dieu et
le nôtre , un somptueux temple dans le lieu
même où le *Verbe incarné* opéra le grand

mystère de la Rédemption, dans ce même
lieu, dis-je, dans la sainte Cité, dans la
ville même de Jérusalem, où les Juifs qui
devraient avoir de nouveau toute la Palestine (C), pour leur patrie, (comme les Gentils
ne cessèrent point d'avoir et ont conservé
jusqu'à ce jour la leur dans les pays mêmes
qui étaient à eux et qu'ils habitaient quand
ils embrassèrent le Christianisme), où les
Juifs, dis-je, auraient et l'administration de
ce grand temple et un Primat dans l'Eglise
universelle, non inférieur à celui qui existe
déjà depuis le tems des Apôtres, et qui
serait exercé avec nous (D) dans une union
et par une alternative régulière, dont, pour
observer la brièveté que je me suis prescrite,
je ne vais donner ici qu'une idée fort res-
treinte, et qu'on ne verra développée que
dans la suite.

(D) C'est-à-dire : avec nous chrétiens, de quelque communion
que nous soyons, comme on le verra plus distinctement dans la
note portant cette même marque dans le supplement. Voyez ce
qu'on vient d'indiquer sous la marque (A), page 14.

ARTICLE IV.

Rome et Jérusalem, les deux chefs-lieux de la Chrétienté.

a. Le Christianisme qui commença dès sa naissance à se répandre dans l'univers, devant constituer, dans l'avenir suivant les prophéties (3), et une République universelle, et un Empire spirituel et unique, composé de tous les Empires, de tous les Royaumes, de tous les Etats de la Terre, gouvernés par leurs Souverains et leurs magistrats respectifs ; le Christianisme, dis-je, allant ainsi se propager de toutes parts et couvrir de plus en plus la surface du globe, pourrait bien donner à sa *partie centrale* une telle étendue que *Rome* et *Jérusalem*, les deux chefs-lieux de la Chrétienté, fussent regardés comme situés avec leurs appartenances respectives, sur les deux points les

---

(3) Telle qu'est la prédiction d'*Aggée*, rapportée dans le premier alinéa de la note (1) ci-dessus ; celle du *Psalmiste*, au commencement de la note (B) ; celle de *Zacharie*, à la fin de la même note ; et celle de *Baruch*, à la fin de la note (C).

plus éloignés de cette même partie centrale ;
en sorte qu'il y eût deux *Saints-Sièges* en
constituant substantiellement un seul , deux
Saints-Sièges liés et identifiés entr'eux , et
tellement réglés par un seul chef que chaque
Souverain - Pontife divisant en deux parties
la durée de son pontificat , lorsqu'il en pas-
serait une dans une des deux Capitales du
Monde chrétien , eût dans l'autre un *Vice-
Pontife* avec des pouvoirs les plus amples et
les plus propres à le représenter et à agir en
sa place ; toujours avec les réserves justes
et nécessaires pour les affaires du premier
ordre et qui regarderaient l'universalité de
l'Église.

ARTICLE V.

*La propagation du Christianisme con-
tinuée et accomplie par la conciliation
et les rapports intimes des deux plus
anciens et principaux peuples de la
terre.*

Deux grandes et principales nations , les
plus anciennes et celles qui renfermeraient
dans leur étendue et leur réunion avec les

autres peuples descendus d'elles, la totalité
du genre humain, ces deux grandes et principales nations, dis-je, celle des *Juifs* et celle des
Gentils, professeraient donc et feraient éclater
de toutes parts le seul et vrai culte, dû au
Dieu de la vérité, au *Dieu créateur et mo-
dérateur de l'univers*. De ces deux nations,
ce n'a guères été, jusqu'ici, que la seconde,
celle de *Gentils*, qui a rempli, quoique d'une
manière trop imparfaite, une tâche si pré-
cieuse et si élevée; elle qui devant le faire
après, fut néanmoins la première à embrasser
la nouvelle loi, la loi de grâce, déjà promise,
déjà préparée dans l'ancienne. Et ce renversement d'ordre, cet événement aussi déplo-
rable d'un côté qu'admirable de l'autre, avait
aussi été prédit et enregistré dans les livres
de l'Ancien Testament (4), dans ces mêmes
livres que nous avons reçus des Israélites eux-
mêmes; des Israélites, dis-je, qui en conséquence sont à portée de savoir et croire tout
ce que nous savons et croyons. Ils sont nos
frères aînés, bien que nous les ayons précédés
dans la reconnaissance, la réception et l'ado-

---

(4) *Gen.*, c. 25, v. 23. *Os.*, c. 2, v. 24. *Malach.*, c. 1, v.
1, 2 et 3 : tous cités par *S. Paul dans son Epître aux Romains*,
c. 9, v. 13 et 25.

ration du *Christ attendu ;* nous qui sommes généralement descendus plus de l'ancienne gentilité que de ceux d'entr'eux qui l'adorèrent et le suivirent à sa venue.

Il s'est vérifié entr'eux et nous ce qui arriva d'*Esaü* et de *Jacob* qui furent la figure des deux peuples (5). Ils sont devenus les *derniers* et nous les *premiers*, parce que nos ancêtres firent ce qui devait préalablement être fait et opéré par les leurs. Mais il était décrété, et c'était dans l'ordre de la justice, que quand le tems de leur éclaircissement et de leur gloire serait arrivé, nous les aurions aimés comme de vrais frères, comme des frères dignes de respect et de tout notre attachement ; et cela dès le moment qu'ils auraient adhéré à notre invitation, ainsi qu'*Esaü* adhéra promptement à celle de son frère, et que se voyant *adoré* et appelé son *seigneur* par *Jacob*, courut à son tour, *au-devant de lui, l'embrassa, le serra étroitement, et le baisa en versant des larmes* (E). Ils verront ces Israélites si mal accueillis jusqu'à présent si peu agréés parmi les différens peuples, ils verront par le fait ce que peuvent la doctrine, la grâce et l'amour infini de ce *Jésus crucifié,*

______

(5) *Ibid.*

qui a été rejeté jusqu'ici , qui a été un objet
de haine parmi eux , mais duquel il s'est cependant accompli tout ce qui appartenait à
la *première grande époque* de son règne et
de son culte , et avant tout , ce qui avait été
prédit relativement au tems et au lieu de
sa naissance , à la sainteté de sa vie et de
ses enseignemens , à ses œuvres miraculeuses ,
à sa passion et à sa mort , comme le font
voir les différens et nombreux passages de
la Bible , une partie desquels va être indiquée
dans l'article qui suit.

ARTICLE VI.

Prédictions concernant l'Envoyé céleste ,
le divin Sauveur promis au Peuple
hébreu , et toutes accomplies dans
la personne , les actions et les tems
de Jésus-Christ.

---

a. Dans *la Genèse*, chapitre 49 , verset 10,
on dit que le Sceptre (6) *ne* serait *point ôté*

(6) *Sceptre* (*Sceptrum*) dans la langue sainte signifie *Autorité* ,
domination , *magistrature* , *puissance* , comme on le voit dans
l'*Eccli.*, c. 35. v. 23 ; dans *Bar.* c. 6 , v. 13 ; dans *Ezéch.* ,
c. 20 , v. 37 ; en *Zach.* , c. 10 , v. 11 ; etc.

de Juda, ni le Prince de sa postérité , jus-
qu'à ce que celui qui devait être envoyé et
qui aurait été *l'attente des nations ,* serait
venu : ce qui s'est exactement accompli , la
tribu de *Juda* étant celle qui en retenant
son nom et n'en faisant plus qu'une seule
avec celle de *Benjamin* et de *Levi ,* est aussi
la seule qui arriva aux tems de *Jésus-Christ ,*
et qui ne fut détruite qu'après sa venue , suivant la prédiction que nous venons de rapporter et qui fut faite par *Jacob.*

Dans le prophète *Baruch ,* chap. 3 , il est
dit que *celui qui sait tout.... , qui a affermi*
la terre (v 32) , qui envoie *la lumière*
(v. 33), *qui a créé les étoiles* (v. 35),
qui est notre Dieu (v. 36) , *qui a donné*
la science à Jacob et à Israël (v. 37) , a
été vu *sur la terre et a conversé avec les*
hommes (v. 38.).

En *Isaïe ,* c. 11 , v. 1 , en *Jérémie ,* c. 30 ,
v. 9 , et en mille autres endroits , il est écrit
que le Christ devait être *de la race de David.*

En *Michée ,* c. 5 , v. 2 , l'on annonce que
ce *Christ* serait né dans une ville de *Juda ,*
et précisément dans *Béthléem.*

En *Zacharie,* c. 9 , v. 9 (rapporté en *Saint-*
Mathieu , c. 21 , v. 3), on prédit sa pau-

vreté et son entrée à Jérusalem sur *une anesse;* et c. 11, v. 12, que le prix de la trahison aurait été de *trente deniers.*

c. Dans le *Pseaume* 26, v. 18, que des témoins d'iniquité *se seraient élevés contre lui*; et Pseaume 40, v. 10, qu'un homme *en paix*, et qui *mangeait avec lui*, l'aurait *trahi*.

En *Isaïe*, c. 50, v. 6, on désigne les *per-cussions* et les *injures* qu'il aurait souffertes; et en *Jérémie*, *lamentations (Threni)*, c. 3, v. 14 et 30, *les opprobres* et *les dérisions*, dont il aurait été couvert.

d. Dans la *Sagesse*, c. 2, v. 13, 16 et 20, sa condamnation à une *mort la plus infame*, parce qu'il se serait *appelé* et se serait *glorifié d'être le Fils de Dieu*.

Dans le *Pseaume* 21, v. 18 et 19, que ses *mains* et ses *pieds* auraient été *percés*, que ses boureaux auraient *compté tous* ses *os*, partagé entr'eux ses *habits* et *jeté* sa *robe au sort*.

Dans le *Pseaume* 68, v. 22, qu'on lui au-rait donné *du fiel à manger et du vinaigre à boire*, etc.

e. En *Daniel*, c. 9, v. 26, que le *Christ* (au tems précis qui est marqué) aurait *été mis à mort*, et que *le peuple qui* l'aurait *renoncé* n'aurait pas *été son peuple ;* qu'*un peuple avec son chef, qui devait venir, détruirait la ville et le sanctuaire ;* qu'elle finirait *par une ruine entière*, et que *la désolation* qui lui avait *été prédite*, arriverait *après la fin de la guerre.*

Dans le *Pseaume* 3, v. 5 et 6, et en *Isaïe*, c. 11, v. 1 — 12, sa sagesse, sa sainteté, son triomphe et sa gloire, la gloire de *son sépulchre*, la conversion des peuples qui commença dès les premiers siècles de l'Eglise, et qui continua et continuera jusqu'à son total accomplissement. Étc., etc.

f. Prédictions qui, rapportées en entier, et accompagnées des observations qui les éclaircissent, ne laissent lieu à aucun doute raisonnable sur leur accomplissement arrivé à la mort de *Jesus-Christ* Nazaréen, de la race de *David*, né à *Béthléem*, paru au monde dans les tems marqués pour le Messie, (comme entr'autres, celui de la chûte du *Sceptre* de *Juda*) ; rejeté et fait mourir par les Juifs ; suivi de la destruction du temple et de la ville sainte ; ressuscité, comme il l'avait prédit, le troisième jour après sa mort, malgré les gardes mis à son tombeau dans la

vue de démentir par le fait la vérité de sa
résurrection, constatée d'ailleurs par ses ap-
paritions et ses instructions données pendant
l'espace de 40 jours ; etc. , etc.

ART. VII.

Partage du Souverain Pontificat et des autres dignités ecclésiastiques.

a. PAR suite de ce qui est dit ci-dessus,
aux Art. IV et V, nous accorderions, ou
plutôt nous reconnaîtrions comme dûs à la
nation Juive, les plus grands honneurs, et
les plus illustres dignités de l'Eglise de Jérusalem, comme Eglise particulière, ainsi
que nous garderions pour nous mêmes les
plus grandes et les plus illustres de l'Eglise
et du diocèse de Rome ; et pour ce qui est
des autres dignités et même de l'autorité
suprême de l'Eglise universelle, le partage
serait égal, ou, pour mieux dire, serait
toujours proportionné au nombre et aux mé-
rites des individus respectivement appartenant aux deux peuples ; de sorte que l'élec-

tion du Souverain - Pontife tomberait quelquefois, même dès les premiers tems, sur un Israélite, et y tomberait bien plus souvent dans la suite, lorsque la nation serait devenue plus nombreuse et plus étendue, soit par sa propagation ordinaire, soit par la conversion des peuples étrangers, entrés dans l'Eglise universelle par la prédication et sous la juris-diction de celle de Jérusalem.

ART. VIII.

Rapports respectifs et centraux des Eglises particulières d'Europe et d'Asie.

Comme dans chacune des plus grandes capitales de l'Europe chrétienne devrait s'établir un *Grand-Patriarcat* ayant des rapports intimes avec le *Saint-Siége romain*, (rapports qui seraient réglés sur la conformité respective et plus ou moins grande des articles de foi que chaque Communion aurait avec la Communion de Rome), il en devrait être à-peu-près de même du *Saint-Siége de Jéru-*

salem, et de ces sociétés chrétiennes de l'Asie qui se trouveraient le plus près de la Palestine, et même de celles qui en seraient les plus éloignées, mais qui seraient le fruit et l'acquisition des travaux et du zèle de ses missionnaires : sociétés qui, en conséquence, trouveraient dans le même Saint-Siége de Jérusalem, ce point de la partie centrale de l'Eglise universelle, avec lequel elles seraient tenues de communiquer pour leurs besoins et pour leur union avec la Communion universelle des croyans en *Jésus-Christ*, en conformité et par suite de ce qui a été désigné plus haut, à l'Art. IV.

ART. IX.

Prérogatives et but des Grands-Patriarcats à établir dans la capitale de chaque Empire, de chaque Royaume et de tout autre grand Etat.

a. Toute autorité, et sur-tout la spirituelle, venant de *Dieu*, celle des *Grands-*

Patriarches qui serait la même que l'autorité des *Patriarches*, des *Archevêques* et des *Évêques*, revêtue d'un nouveau titre et exercée dans sa plus grande étendue ; cette autorité des Grands-Patriarches serait donc la plus éminente que *Jésus-Christ* conféra aux Apôtres, et par les Apôtres aux Évêques et à tous les dignitaires, à tous les ministres ecclésiastiques qui leur devaient succéder. Ce n'est pas, si je ne me trompe, ce n'est pas une chose bien difficile à concevoir, celle que l'on suppose ici, savoir : que les dignités et les ministères de l'Église devaient s'augmenter à mesure que l'Église même se serait agrandie, et selon que leur plus grande extension et leur multiplication seraient devenues ou nécessaires ou utiles, pour la propagation et le plus solide établissement de la Foi du Royaume de *Jésus-Christ* sur la terre. Or cette utilité et cette nécessité deviennent sensibles et se manifestent de plus en plus, dès le moment qu'il est question de faciliter et de faire embrasser à tout le monde, ainsi que de réduire à un seul grand corps universel, la Religion chrétienne, la seule capable de procurer aux hommes un repos actif, un repos stable et fécond de ces biens et de ces plaisirs, dont la jouïssance n'a été interdite et troublée jusqu'à présent que par les dissensions et les désordres de tous les siècles écoulés : dissensions et désordres qui doivent progressivement diminuer et presqu'entièrement disparaître dans l'avancement de la *seconde grande époque du Christianisme* qui vient de commencer (7).

ART. X.

L'entreprise dont nous traitons, paraît indubitablement renfermée dans l'esprit et les vues sublimes et très-salutaires de la SAINTE ALLIANCE.

a. LE but général, le but manifeste et indubitable de la *Sainte-Alliance* étant le bien-être des peuples et des hommes, procuré tant par le maintien de la paix que par l'accroissement des rapports sociaux et de l'amour de *Dieu* et du *Prochain*, une opération qui

(7) Voyez dans les PRINCIPES ET MAXIMES , l'*Avant-propos* jusqu'à la page IX , et la *Dissertation* , chap. XII , ou du moins les deux derniers paragraphes 59 et 60.

porterait au plus haut degré de leur activité, des moyens si essentiels et si proportionnés à la fin proposée ; une opération qui donnerait à ces mêmes moyens une étendue qu'ils n'eurent jamais, soit parce que le tems marqué dans les Cieux n'était pas encore arrivé, soit parce que l'on ne fit jamais ce que l'on aurait dû faire, en prenant d'une manière plus décidée et plus ferme *la parole de Dieu* pour la sage conseillère, et des résolutions à prendre, et des projets à exécuter ; une pareille opération, dis-je, doit évidemment être renfermée dans le grand plan de cet inappréciable traité, de cette convention pacifique et chrétienne, de cette Alliance aussi sainte que bienfaisante, puissante et auguste. Or telle est l'opération, comme chacun le voit, telle est l'entreprise dont nous parlons ici, et qui regarde, tant le retour des Juifs dans leur ancien pays, que la propagation du vrai culte et du bonheur universel qui en serait le résultat, suivant ce qui est désigné et prédit dans les Livres saints, dans ces mêmes livres qui contiennent la parole divine, cette parole salutaire et infaillible que la *Sainte Alliance* a prise pour règle de ses conseils, de ses déterminations et de toutes ses opérations.

b. Le tems d'un si grand ouvrage, il est vrai, le tems d'un ouvrage qui serait décisif pour le bien universel du Monde pourrait paraître prématuré à beaucoup de penseurs. Mais comme personne n'a là-dessus aucun renseignement, aucune donnée certaine, nous poursuivrons notre marche, non-seulement dans le présent écrit, mais dans tous ceux qui le suivront de plus près, en supposant toujours le commencement de cette importante et sainte entreprise comme devant faire suite et se lier immédiatement à tout ce qui a signalé et qui peut signaler encore les premiers lustres du *dix-neuvième Siècle.*

ART. XI.

Des agrandissemens et perfectionnemens progressifs de l'Eglise universelle.

---

a. Il importe beaucoup, il est même indispensable de faire attention que dans une entreprise aussi vaste et qui ne fut jamais tentée, il ne s'agit point d'inventer et d'opérer à caprice, mais que par suite de ce qui a été dit jusqu'à présent et de ce qui sera dit en-

core , l'on devra et l'on voudra y exécuter
et remplir ce que le *Très-Haut* a déjà or-
donné et disposé dès le commencement du
monde , ou plutôt ce qu'il avait déjà décrété
de toute éternité ; c'est-à-dire , que l'on
s'appliquera , que l'on travaillera à des agran-
dissemens¹, à des perfectionnemens de la
hiérarchie , de la discipline et de la police
ecclésiastiques , à des agrandissemens et à
des perfectionnemens qui entrent de nécessité
dans cette partie du plan suprême qu'il a plu
à *sa Divine Majesté* de communiquer aux
hommes dans les livres de l'un et l'autre
Testament.

. Un humble enfant de l'Eglise catholique,
apostolique et romaine ne craint pas ici les
censures , ni aucune sorte de répréhensions ,
de cette Sainte-Mère. Il ne les craint pas, parce
que , ce qu'il imagine pour l'avenir , ce qu'il
indique dans cet article et dans les deux qui
suivent , a été tracé et considérablement pra-
tiqué par elle-même dans une longue suite
de siècles. Elle a fait dans la *première grande
époque du Christianisme*, ce qui doit être
continué et plus amplement , plus magnifi-
quement éxécuté dans la *seconde*. Mais ce
qu'il y aura dans celle-ci de bien plus ap-

préciable, c'est que l'on y préviendra soigneusement les fautes et les abus qui furent commis dans la précédente. L'on ne parvient à la perfection que par degré ; et le *passé* est une école pour le *présent* , comme le *présent* joint au *passé* , en sera une encore plus grande et plus fructueuse pour les *tems à venir*.

ART. XII.

Continuation du même sujet.

a. UNE dignité et un ministère du premier ordre , mis sur le pied des Grands-Patriarcats, désignés ci-dessus, aux Art. VIII et IX , conviendrait donc assez bien dans les immenses accroissemens que recevrait l'Eglise universelle. Les *Grands - Patriarches* concouraient à la formation de la *partie centrale* ; et toujours d'accord , par leurs principes et leur croyance des principaux articles de la Foi ; toujours strictement liés avec le Souverain - Pontife résidant tantôt dans l'un , tantôt dans l'autre des deux Saints-Siéges apostoliques de l'Eglise universelle (conformément à ce qui est proposé ou supposé dans l'Art. IV), ils décideraient, en dernier ressort, sur toutes les affaires des peuples et des particuliers soumis à leurs jurisdictions respectives.

Et quant à celles des Communions chrétiennes, ou à ceux de leurs individus respectifs qui ne s'accommoderaient pas entièrement de cette organisation et de ces rapports universels de la hiérarchie et de la discipline ecclésiastiques; ni aucune de ces communions, ni aucun de ces individus ne seraient jamais inquiétés pour cette discordance. Ils communiqueraient aussi avec l'Eglise universelle; ils y communiqueraient de la manière qui leur plairait davantage, et par ces points d'uniformité et de contact qui auraient été déterminés et établis d'un mutuel et commun consentement entr'eux et les autres Chrétiens, dans un Concile général, suivant ce qui sera indiqué à la fin de la VIme Demande, dans l'Art. XVIIIme faisant partie des *Articles et Notes supplémentaires*, dont il est parlé ci-après dans l'*Avertissement de l'Éditeur.*

ART. XIII.

Églises d'Asie, d'Afrique et d'Amérique.

a. Comme, d'un côté, ce n'est ici qu'une simple esquisse que je rédige, et que d'une autre part, il s'agit de conversions et d'événemens, dont la marche et les progrès ne seront connus que par le fait, je me borne à remarquer par le présent article que, dans le cas que la partie centrale de notre monde, de notre monde tout entier, devenu ou continuant à devenir chrétien, ne pourrait, et par les dispositions physiques du globe, et par des raisons morales et politiques des nations, obtenir une forme plns ou moins circulaire, qui est celle qui conviendrait le mieux, l'on devrait au moins tendre à ce que ses distances latérales ne fussent pas trop considérablement disproportionnées entr'elles; de sorte que ce ne serait que par une de ses extrémités que l'Afrique pourrait y prendre part avec l'Europe et l'Asie; et, tant la même

Afrique dans ses autres pays, que l'Asie dans les siens (excepté la Palestine), ainsi que l'Amérique toute entière, n'auraient que des points centraux particuliers, et des grandes dignités qui toutefois contribueraient beaucoup et seraient même indispensables pour la liaison et les rapports à établir entre leurs églises respectives, d'un côté, et la partie centrale de l'Eglise universelle, de l'autre.

ART. XIV.

Un intérêt commun et général facili- terait l'acquisition pacifique de la Palestine pour le but proposé.

a. Le ressort, le très-puissant ressort, le seul propre à amener tout le genre humain à une prospérité constante et à son meilleur état possible, dans la condition où nous sommes, *de nature tombée et réparée,* est celui qui par une conséquence bien na- turelle gagnerait aussi et déterminerait le *Grand-Sultan* à adhérer à la demande que les *Souverais Alliés* lui feraient de la Palestine, en offrant à *Sa Hautesse* de l'acheter, ou en argent comptant, ou en partie par de l'argent, et en partie par des échanges et d'autres compensations qui lui seraient plus avantageuses que ne l'ont été jusqu'à présent la possession et la souveraineté du pays demandé. Le ressort énoncé et si puissant, qui agirait aussi sur le cœur d'une Puissance non chrétienne, est, d'un côté, *le désir* toujours ferme et irrésistible *de la félicité* (désir commun à tous les hommes (8) sans exception); et de l'autre, *la certitude positive* ou du moins *une grande probabilité* de la saisir, cette félicité, ou de parvenir à l'augmenter et à la consolider par tels ou tels moyens, mis sous les yeux et à la disposition de cette même Puissance, qui y verrait, sur-tout, une nouveau degré de gloire et de plaisir, le plus propre à satisfaire et la grandeur de son ame et la sublimité de ses idées magnanimes, libérales et paisibles. (Art. XXII, et note B, lett. *b*, dans les *Articles et Notes supplémentaires*).

---

(8) Principes et Maximes , chap. II de la *Dissertation*.

ART. XV.

Dispositions et opérations des Souverains alliés pour le bien des Israélites et de tout le monde.

a. Tous ceux de la nation Juive qui voudraient s'éclaircir sur la vérité de nos assertions, sur la solidité de nos raisonnemens et sur la sincérité des offres et des promesses qui leur auraient été faites, pourraient s'adresser, pourraient se présenter non-seulement aux savans de nos Assemblées désignées sous les Règles XXIX et XXX, vers la fin des *Principes et Maximes*, mais à d'autres habiles philosophes et théologiens chargés de cette importante commission par les divers Gouvernemens qui seraient entrés dans ces salutaires et saintes vues (9). Eh qui d'entr'eux,

____

(9) Il est superflu de remarquer ici (quoique la soumission et le profond respect dus aux Puissances et aux Autorités constituées, nous persuadent à le faire) il est superflu, disons-nous, de remarquer que nous n'agissons ici, que nous ne raisonnons que comme d'autres écrivains l'ont fait, c'est-à-dire, que ce sont seulement des projets, seulement des idées et des vœux que nous faisons paraître en public, sans même y entremêler, par rapport à l'acquisition de la Palestine, la moindre conjecture qui, en fait de politique, soit fondée sur aucun indice existant et visible. Mais ce qui n'est pas douteux, ce que nous croyons

qui d'entre les Israélites, après avoir eu connaissance de l'invitation, pourrait se refuser aux conférences, propres et nécessaires pour se décider avec sagesse et en homme raisonnable et social sur un point d'une si grande gloire pour eux, et d'une prospérité, d'un contentement si général pour toutes les nations ?

a. On ne vint jamais à un procédé si doux, si fraternel, si louable ; jamais il ne fut employé envers les Israélites des tems écoulés: Aussi, y aura-t-il dans l'autre vie des dispositions favorables à leur égard qui ne pourraient avoir lieu pour les Israélites d'aujourd'hui. La bonne et sage conduite de ceux-ci aura même

---

pouvoir affirmer avec une parfaite assurance, c'est que les bons Chrétiens, et les Souverains sur-tout, les Magistrats et les Grands des Nations chrétiennes, seront toujours disposés à seconder, à favoriser, à protéger la conversion des Juifs nos frères en *Adam*, et nos co-appelés en JÉSUS-CHRIST. Quelle que soit la différence des plans qui peuvent être conçus pour l'accomplissement de ce grand objet, ils se ressembleront toujours, ils se toucheront entr'eux en différentes parties, et sur des points essentiels. La Bible étant nécessairement la source commune où tous ont puisé et où tous puiseront, dans l'avenir, la source où puiseront, apprendront ou conjectureront ce qu'il y a à dire, ce qu'il y a à faire sur cette matière ; il ne peut guères rester à l'arbitre et aux lumières de l'homme que des modifications, que des applications, que des formes à imaginer, à adopter, à concilier, à établir. La chose parle d'elle-même, et tout le monde est en état de le concevoir et de se le persuader avec la plus grande facilité, par ses propres réflexions et ses seules considérations.

des rapports et sera susceptible d'une telle application à l'état de ceux-là, qu'il en résultera,
pour les uns et les autres, les plus grands et les
plus inappréciables avantages. C'est un point de
doctrine que nous traiterons, que nous déve-
lopperons conjointement à des matières ana-
logues et plus générales, mais sans blesser,
(contre l'attente de beaucoup de ceux qui
liront maintenant la présente assertion), mais
sans jamais blesser ni contrarier les dogmes ca-
tholiques, les dogmes de l'Eglise universelle,
professés par toutes les principales sociétés chrétiennes, aucune desquelles, nous l'espérons,
ne condamnera les principes que nous commen-
çons à développer dans le dernier alinéa de la
note (F), appartenante à ce même article.

c. La *Sainte-Alliance*, en attendant, nous
console et doit consoler tout chrétien, tout
juif, tout homme attaché à un culte quel-
conque, et même ceux qui malheureusement
n'en auraient aucun ; vu que par elle s'ouvrira
aux yeux de tous, et se montrera un chemin
conduisant à la vérité et au salut, un chemin
qui n'avait pas encore paru jusqu'ici, orné de ces
fleurs et de ces charmes célestes dont parle la
Révélation et qui le rendront aussi aimable
que praticable pour toutes les classes et tous
les états de personnes. Voir la même note (F).

AVERTISSEMENT

DE L'ÉDITEUR.

n. Comme par la rédaction des quinze Articles ci-dessus, l'Auteur a voulu que, sans lire davantage, l'on pût se former une idée presque complète du plan auquel il travaille, il y a mis tout ce qu'il a cru nécessaire pour ce but ; et au lieu de traiter plus au long les différens points qui y sont renfermés, au lieu de donner à la matière d'autres divisions, et de mettre dans un plus grand jour tous les principes, toutes les doctrines, dont la connaissance et l'admission sont supposées par la nature, l'extension et l'apparente difficulté de la sainte entreprise, il s'est borné à placer en divers endroits des mêmes articles une *majuscule entre parenthèses*, pour indiquer des *notes ultérieures* à celles qui sont déjà au bas de la page ; des notes qui prouvent succinctement des vérités et exposent des théories, ou les plus essentielles, ou les plus strictement liées au sujet dont il est question.

b. Ces notes marquées de *majuscules*, et incomparablement plus étendues que ne sont les autres que nous venons de mentionner et qui sont marquées de *chiffres arabes*, bien que réunies entr'elles et formant un corps séparé de celui des quinze articles, devaient néanmoins, suivant la première pensée de l'Auteur, être imprimées dans un seul et même volume et immédiatement après les articles. Mais successivement, par une raison qu'on va bientôt faire connaître, il a été résolu d'un commun accord entre l'auteur même et nous, de ne faire paraître ces grandes notes que dans une seconde brochure, qui contenant dix autres articles avec deux nouvelles notes marquées des majuscules G et H, portera ce titre : *Articles et Notes supplémentaires pour l'écrit intitulé* : Esquisse d'un plan, *etc.*

c. Ayant ainsi réduit à si peu de chose cette *Esquisse*, dont l'achat, en conséquence, a diminué d'environ deux tiers du prix, on s'est flatté que ceux même qui, en s'arrêtant au titre, en auraient d'abord présumé la matière chimérique, seraient, par suite de cette réduction, un peu moins difficiles à vouloir y accorder un coup-d'œil, et peut-être même assez d'attention pour au moins entrevoir l'intérêt que le sujet, dont l'on traite, est capable d'inspirer.

d. L'auteur en effet vient de nous envoyer des remarques qui, comme celles qui ont précédé, confirment, non-seulement la possibilité de la chose, mais son heureux acheminement, et ses admirables progrès, ainsi que le montreront celles qu'on lira dans le supplément mentionné, et lesquelles, en présentant de grandes et glorieuses résolutions déjà prises par quelques Gouvernemens, et sur-tout par les principaux Monarques composant la *Sainte-Alliance*, se terminent par les deux suivantes, placées sous les numéros 9 et 10 que nous rapportons ici de préférence à quelques autres, tant par la noblesse et l'élévation de leur objet considéré en lui-même, que par leur importance pour l'accélération et l'accomplissement du grand but que la *Sainte-Alliance* s'est proposé d'atteindre.

C'est en parlant de toutes ces souveraines résolutions déjà prises que l'auteur poursuit de la sorte :

o. 9.º Celle qui a été publiée à Saint-Pétersbourg en avril 1816, par une déclaration adressée à toutes les Cours de l'Europe, et qui, quoique comprise dans le grand but de la *Sainte-Alliance,* n'était pourtant pas assez connue de ceux même qui croyaient à la possibilité de son exécution, au moins à l'égard des Chrétiens ; c'est-à-dire, celle qui veut, non-seulement établir *sur des bases solides* le bien-être et la tranquillité de l'intérieur des *États* et des *Peuples chrétiens,* mais qui cherche aussi à affermir, d'*une manière inaltérable, des sentimens de paix, de concorde et de bienveillance envers toutes les nations qui ne professent point la religion chrétienne.*

p. 10.º Celle qui, rendue publique dans la même Capitale de toutes les Russies par un Ukase du 6 avril dernier, jour de Pâques, et successivement par d'autres Ordonnances impériales et royales qui en ont commancé l'exécution, a produit dans le cœur des plus sincères et plus zélés adorateurs de l'*Être Suprême,* aussi-bien que dans l'esprit et dans l'ame des plus vrais amis de l'humanité, et des observateurs les plus attentifs et les plus affectionnés des progrès de la civilisation, de la religion et de la prospérité du monde, une sensation d'autant plus douce, un enthousiasme d'autant plus vif, qu'elle a été tout-à-fait inattendue, tout-à-fait surprenante, tout-à-fait neuve, savoir ; celle qui aux Israélites touchés par *la grâce céleste*, et entrés ou entrant *dans le bercail du bon Pasteur et du Rédempteur des hommes*, offre et assigne dans un immense et florissant Empire, *des endroits commodes et avantageux....., ainsi que des terres, où* ceux *d'entr'eux qui le désirent, pourront...* former *une retraite sûre, et une société en commun avec leurs autres frères..... et leurs familles.* Et ne paraît-il pas que ce soit là précisément le commencement des dispositions qui doivent précéder le dernier et stable retour des Israélites dans l'ancienne et chère patrie de leurs pères? Dispositions préalables et indispensables, tant parce que tout doit, dans cette vie, procéder par degrés, du petit au grand, et du grand au plus grand, que parce que (comme nous le ferons voir ailleurs), elles sont effectivement annoncées dans l'ancien Testament, là où l'on désigne un *désert écarté de tous les peuples*, et dans lequel les Hébreux que le *Seigneur* aura *retirés des pays où* ils avaient *été dispersés*, commenceront leur nouvelle alliance avec lui, pour passer ensuite à habiter, à cultiver, à embellir les si fertiles et si délicieuses contrées de la belle et sainte Sion ?

q. Mais j'irais trop loin (dit l'Auteur), si je voulais rapporter ici tout ce qu'il y a de remarquable, d'admirable et d'inoui dans les plus récentes résolutions des Souverains et des Gouvernemens chrétiens : résolutions qui, secondées, plus ou moins, par des Puissances d'autres religions et de différens ordres, avancent déjà, d'un pas ferme, régulier et décisif, vers le grand but d'une paix, d'une prospérité, et je dirai même, d'une régénération universelle. Et c'est pour cela (ajoute-t-il), que je vais finir ces rapides observations par l'extrait d'une lettre qui en m'éclaircissant dans une méprise où j'étais tombé, sur une particularité ayant rapport au projet d'extirper la piraterie et l'esclavage, renferme aussi l'annonce d'une chose bien remarquable et très-analogue à la généralité de ce qui fait le sujet du présent écrit. L'illustre Personnage qui a bien voulu m'honorer de ces intéressantes communications (Personnage que tout le monde reconnaîtra très-facilement par la seule lecture de ce même extrait), après avoir déclaré, quoique d'une communion différente de la mienne, que *les principes* développés dans ma Dissertation et mon Précis, *sont sains et modérés*, et qu'il n'a *jamais cessé de les professer*, et après avoir aussi allégué la doctrine d'un Père de l'Église, enseignant *que les différens rites* de la Chrétienté doivent avoir pour *point de ralliement la pratique de la morale sublime de la charité universelle envers les hommes sans distinction*, passe à parler de quelqu'autre article, et termine sa lettre, qui est du 9 Août dernier, de la manière suivante :

r. « Je dois vous faire observer, Monsieur,
» que notre réunion chevaleresque n'est pas
» un ordre nouveau : elle n'est qu'un assem-
» blage de tous les ordres chevaleresques. Le
» but de notre réunion n'est que d'engager les
» Chevaliers qui la composent d'être bons et
» vaillans Chevaliers, défendant de tous leurs
» moyens les droits de la Chrétienté, et en
» assurant le libre passage aux voyageurs qui
» vont visiter les Lieux saints. J'ai même la
» satisfaction de vous assurer que nous avons
» réussi à empêcher le Pacha de Jérusalem de
» vexer les Pères Gardiens du Saint Sépulchre,
» et que les Chefs arabes intermédiaires con-
» tinuent à correspondre amicalement avec
» Nous, et à protéger les voyageurs chré-
« tiens ».

« Je vous prie, Monsieur, d'être assuré

» des sentimens de ma parfaite estime et de
» ma considération la plus distinguée.........»

Telles sont les observations, tels sont les
faits qui doivent ranimer aujourd'hui, qui
doivent augmenter et les espérances et le
courage de tous les hommes philantropiques et
chrétiens, de tous les prédicateurs, de tous
les imitateurs des Apôtres, de tous les pro-
moteurs et coopérateurs d'entreprises et de
bonnes œuvres, de quelque genre qu'elles
soient, de piété, de charité, d'instruction,
d'éducation, de félicité publique ou de bien-
être privé et particulier.

*Nota. Quoique cet Avertissement de l'Edi-
teur ait été rédigé depuis novembre dernier, l'im-
pression de la présente Esquisse, ne vient d'être
faite que dans ces derniers jours de mars 1818;
et elle sera incessamment suivie des Articles et
des Notes supplémentaires, si les Personnes
qui l'auront acquise, veulent bien souscrire
pour l'acquisition du deuxième volume de ces
opuscules, ou au moins pour l'acquisition de
ces mêmes Articles et de ces Notes : Articles
et Notes qui contiennent en quelques détails ce
que l'on va indiquer dans la Table suivante.*

TABLE

des diverses Communions chrétiennes et de la Nation juive, que de tous les autres peuples du globe.

Art. XXV et dernier. *Exhortations et vœux adressés séparément à chacune des trois classes d'individus, indiquées.*

NOTES SUPPLÉMENTAIRES.

(A). (*Art. II*). Tout ce qu'il y a d'accessible à nos yeux et à notre entendement dans le grand système de *l'Auteur de la Nature*, est précisément ce qui forme le modèle, la base, l'étendue et la sûreté du nôtre. Nulle vérité ne peut être opposée à une autre, ni du même ordre de choses, ni d'un ordre différent. Chaque vérité a aussi un point essentiel et invariable, malgré la variété ou la variation des modes, des formes, etc.

(B). (*Art. III*). Autres éclatantes promesses de Dieu faites aux Juifs pour leur bien et pour le bien de l'Univers, non encore accomplies.

(C). (*Art. III*). Autres prophéties conformes aux précédentes. Leur application ne se borne point à la délivrance de la captivité de

Babylone , ni à l'état futur des bienheureux dans le Ciel.

(D). *(Art. III)*. Les différentes Communions chrétiennes conciliées entr'elles autant que possible. Deux extrêmes opposés d'absurdités et d'erreurs , où tomberaient ceux qui déclameraient (ainsi que quelqu'un a déjà commencé de faire) contre le mode que nous proposons pour réaliser cette conciliation. Le choix de la Communion , à laquelle chacun voudra s'associer, ou dans laquelle il voudra demeurer ferme , doit être parfaitement libre.

(E). *(Art. V)*. L'invitation amicale et fraternelle faite par *Jacob* à *Esaü* , et l'admirable adhésion de ce dernier à une telle invitation, malgré les torts et les mésintelligences qui avaient eu lieu entr'eux, furent comme la figure de ce qui devait aussi arriver quelque jour entre les Chrétiens et les Israélites.

(F). *(Art. XV)*. Ce que la *Sainte-Alliance* s'est proposé de faire peut seul présenter le vrai sens de plusieurs prophéties qui, différemment, paraîtraient inconciliables entr'elles. *Charpy de Sainte-Croix* justement censuré par M. *Arnaud* sur ses conjectures et ses pieuses imaginations, l'a été injustement sur le point le plus essentiel de son ouvrage ,

Inadvertence qui a égaré le censeur. *(Dans la Note additionnelle au bas de la page :* Pour quelle fin et de quelle manière , non-obstant la cessation des guerres , l'Etat militaire continuerait d'exister avec splendeur et avec des avancemens dans ses grades). Prédictions de funestes événemens , tous où presque tous évitables. Infinité des perfections de DIEU , sublimité de ses pensées et impénétrabilité de ses décrets.

(G). *(Art. XX).* Exposition raisonnée de deux autres passages , relatifs au retour d'Israël, savoir , celui des *Actes des Apôtres* , chap. 1 , *Seigneur , sera-ce en ce tems que vous réta-blirez le royaume d'Israël ?* etc. ; et celui de S.-Paul *aux Romains* , chap. 11 : *Est-ce que Dieu a rejeté son peuple ? Non certes.* Etc.

(H). *(Art. XXII).* Les choses prédites dans l'un et l'autre Testament , tant les plus déplorables que les plus appréciables , peuvent être sous des conditions , tantôt exprimées et tantôt non exprimées , mais toujours néces-saires pour l'accomplissement de la prédiction, qui différemment ne s'accomplit point , ou bien s'accomplit dans un sens tout contraire , ayant toutefois une analogie avec le sens qui supposait la condition. *(Dans deux Notes additionnelles au bas de la page :* Une augmentation d'œuvres de charité et d'une piété plus éminente , substituée aux jeûnes et aux autres macérations). Raisons , autorités et exemples qui prouvent la vérité de ces assertions. *(Dans une autre Note additionnelle :* Les Apocalyptiques et Figuristes mentionnés ; avec une observation sur l'ouvrage du Père *Lambert,* publié à Paris en 1806).

FIN.

LOTTIN DE SAINT-GERMAIN , Imprimeur du ROI.

86